プロの条件

人間力を高める5つの秘伝

藤尾秀昭＝文
武田双雲＝書

致知出版社

プロの条件　目次

装　幀——川上成夫
編集協力——柏木孝之

第一章 プロの条件

職業のジャンルを問わない。
仕事をすることによって報酬を得ている人は、
そのことによって、すでにプロである。
また、プロでなければならないはずである。

しかし、現実には
プロとしての仕事の仕方をしていない人が
相当数いることも事実である。

プロとアマとの違いは何だろうか。
それは次の四つに集約されるのではないか。

第一は、プロは**「自分で高い目標を立てられる人」**だということである。

自分なりにほどほどにやればいい、この程度でいいだろうと、目標をできるだけ低く設定しようとするのがアマである。

プロは違う。
プロは自分で高い目標を立て、その目標に責任を持って挑戦していこうとする意欲を持っている。

第二は**「約束を守る」**ということだ。
約束を守るというのは、成果を出すということである。
自分に与えられた報酬にふさわしい成果をきっちりと出せる人、それがプロである。

成果を出せなくてもなんの痛痒《つうよう》も感じず、
やれなかった弁解を繰り返してやり過ごそうとする者がいる。
アマの典型である。

第三は、**「準備をする」**。

プロは「絶対に成功する」という責任を自分に課している。

絶対に成功するためには徹底して準備をする。

準備に準備を重ねる。自分を鍛えに鍛える。

そうして勝負の場に臨むから、

プロは成功するのである。

アマは準備らしい準備をほとんどせず、
まあ、うまくいけば勝てるだろうと、
安易な気持ちで勝負に臨む。
この差が勝敗の差となって表れてくるのである。

表現を変えれば、
プロは寝てもさめても考えている人である。

起きている時間だけではない、
寝ても夢の中にまで出てくる。
それがプロである。

少しは考えるが、
すぐに他のことに気をとられて忘れてしまうのが
アマの通弊《つうへい》である。

第四は、これこそプロとアマを分ける決定要因である。
プロになるためには欠かせない絶対必要条件だといえる。

それは
プロは**「進んで代償を支払おうという気持ちを持っている」**
ということだ。

プロであるためには高い能力が不可欠である。
その高い能力を獲得するためには、
時間とお金と努力を惜しまない。
犠牲をいとわない。代償を悔いない。

それがプロである。

犠牲をけちり代償を渋り、
自己投資を怠る人は
絶対にプロになれないことは自明の理であろう。

最後に一流といわれるプロに共通した条件をあげる。
それは
「神は努力する者に必ず報いる、と心から信じている」
ということである。

不平や不満は
それにふさわしい現実しか呼び寄せないことを知り、
感謝と報恩の心で生きようとする、
それが〝一流プロ〟に共通した条件であることを
付言しておきたい。

さて、あなたはこれらの条件を満たしているだろうか、
満たすべく努力をしているだろうか。

第二章

熱意・誠意・創意

人が仕事を成就するために欠かせないもの、
それが熱意であり、誠意であり、創意である。

熱意のないところには何物も生まれない。
熱意、情熱こそ創造の源泉である。

物事を創業、創始した人はすべて、
ただならぬ情熱の持ち主である。
情熱の権化《ごんげ》である。
例外はない。

松下幸之助氏がこんなことをいっている。

「二階にのぼりたいなあでは
まだまだだめである。
なんとしても二階にのぼりたい。
そんな熱意がはしごを生み出す」

「二階にのぼりたいなあ」とは誰もが思う。
しかし、その程度の思いでは二階にのぼることはできない。
「なんとしても」という熱い思い、
たぎるような思いがあって初めて、
二階にのぼるためにはこうしたらどうだ、
ああしたらどうだと
昼も夜も考え詰めることができ、
「はしご」という手段、方法に思い至るのである。

この熱意と車の両輪をなすもの、
それが誠意である。

人間、情熱だけで突っ走っても、
それなりにうまくいくものである。
しかし、それはあくまでも一時期である。
人間としての誠実さを欠くと、必ずどこかで崩れる。
歪んだ結果しか手にできない人生になってしまう。

「誠は扇の要《かなめ》」という。

小さな要があることで扇はその形を保つことができる。
要を外せばバラバラになってしまう。
どんな才能、才覚、情熱があっても、
誠実という要がなかったら、
その人生は真の結実に至ることはできない。

また、**「至誠神の如《ごと》し」**ともいう。
誠心誠意を尽くすとき、
人間業とは思えない、
さながら神の仕業のようなことが出現する
というのである。
胸に刻むべき人生の法則である。

そして、創意である。
絶えず創意工夫する。

昨日よりは今日、今日よりは明日と常に前進するために、
ああしよう、こうしようと考え続ける。
そこに仕事の飛躍が生まれる。

創意のもとになるのは教養である。
そこに人が勉強し、幅広い人間的教養を積んでいく
意義と必要性があるのである。

熱誠創

数年前になる。

長野県小布施《おぶせ》の北斎《ほくさい》美術館で

葛飾《かつしか》北斎のこんな言葉を見つけた。

「己《おのれ》六才より物の形状を写《うつす》の癖《へき》ありて、
半百の比《ころ》より数々《しばしば》画図を顕《あらわ》すといえども、
七十年前画《えが》く所は実に取《とる》に足《たる》ものなし。
七十三才にして稍《やや》禽獣虫魚《きんじゅうちゅうぎょ》の骨格草木の出生を悟し得たり。
故に八十才にして益々進み、
九十才にして猶《なお》其奥意《そのおうい》を極め、
一百歳にして正に神妙ならん歟《か》。
百有十歳にして一点一格にして生《いけ》るがごとくならん」

晩年、名を画狂《がきょう》老人卍《まんじ》と改めた達人の人生は
そのまま、熱意、誠意、創意の人生であったことを
うかがい知るのである。

第三章

信念の力

四十数年前のことである。

京都で数百人の経営者を前に

松下幸之助氏が講演をした。

その趣旨は、

人材も資金もダムのようにプールしておく経営、

つまり余裕を持った経営をしなければならない、

ということであった。

松下氏の持論であるダム式経営論である。

講演が終わって、聴衆の一人が質問した。

ダム式経営をしたいのは山々だが、
どうすればできるのか
秘訣を教えてくれ、
というのである。

松下氏はじっと考えてから、
「わかりませんな」
と答えた。

そして、こう続けた。

「一つ確かなことは、
まずダム式経営をしようと思うことです」

失笑が会場をおおった。

「思うだけでできたら世話はない」

「馬鹿にするんじゃない」

そんな声も聞こえた。

だが、その中でただ一人、
頬《ほお》を紅潮させて松下氏を見つめる青年がいた。
京セラを創業して間もない二十代の稲盛和夫氏である。

そうか。まず思うことなのか。

稲盛氏は脊髄《せきずい》の奥に火がついたような感動で心を熱くした。
その心の火が信念となって凝固した。

信念とは信じ念じることである。
稲盛氏はダム式経営を信じ念じ続けた。
その信念は京セラの現在に結晶している。

月刊誌『致知』の取材を通して
数多くの経営者に接してきたが、
一業を成した人には、
突出して二つの共通した要素があるのを
感じないわけにはいかない。

一つは、**「価値を見出す力」**である。

自分の置かれた環境、そこに結ばれる縁、
たずさわる仕事等々に、
多くの人はさしたる感興《かんきょう》も覚えず、
それらはたまたまのもの、ありきたりのもの
と見なしがちである。

だが、一業を成した人は
そこに独特の強烈な価値を見出すのだ。

もう一つは、価値を**「信じる力」**である。
ふたたび稲盛氏に登場していただく。

京セラの創業時、
セラミック製造の作業は埃《ほこり》まみれ泥まみれ、
汚い、きつい、厳しいの典型的な3K職場であった。
若い社員の顔にはうんざりした色が浮かぶ。

深夜作業を終えると、そんな若い社員と膝《ひざ》を突き合わせて
ラーメンをすすりながら、稲盛氏は熱っぽく語り続けた。

自分たちがやっているのは
世界の誰もやっていない仕事なのだ、
自分たちは世界の先頭を走っているのだ、と。

仕事に見出した価値。
それを強烈に信じていたのである。
そして、
それが京セラのベースをつくったことはいうまでもない。

価値を見出す力。
その価値を信じる力。
これこそ信念の力である。

信じ念じる力が道のないところに道をつくり、
人を偉大な高みに押し上げていくのである。

最後に、松下幸之助氏の言葉を掲《かか》げる。

「根無し草に花は咲かない。
信念がなければ人生に花は咲かない」

第四章

自らに勝つ者は強し

①あまえ
②うぬぼれ
③おごり
④マンネリ
⑤やっかみ

——経営者はこの五つの心の病気に必ず罹《かか》る、とユニ・チャーム創業者の高原慶一朗氏がいっている。

徒手空拳《としゅくうけん》で起業し二千億円企業にする過程で、
何回か、いずれかの病気に罹り、
その度に会社がおかしくなった、
と率直に吐露《とろ》されている。

経営者だけではあるまい。
人は誰しも、その人生の途上で
この五つの病に侵されるのではないだろうか。
この心の病に勝つこと。
それこそが自らに勝つということである。

常岡《つねおか》一郎という人がいた。
明治三十二年生まれ。
慶應義塾大学在学中に結核になり、
学業を捨て闘病、求道《ぐどう》の生活に入った。

「すべてのものには中心がある。
その中心からずれたとき、
人間は、家庭は、個人は、
集団は、企業は、国家は、
人類は、みんな苦しむ。
課されていることを中心にするのだ」

この真理を体得し、月刊誌『中心』を発行。
主幹として五十年間、毎号執筆。

また中心同志会を結成し、
毎月全国主要都市で講演会を開催し続けた。
そういう人である。

この常岡氏に次の言がある。

「勝つ。
この勝ち方にもいろいろある。
喧嘩《けんか》に勝つ。
やせがまんや屁理屈《へりくつ》で勝つ。
それに勝っても他人は喜ばない。
人を苦しめることになる。
これでは人の心も天の心も暗くなる。
天、人、我、共に喜ぶ。
そんな勝ち方は『われに勝つ』ことである。
（中略）

この場合のわれとは何であろうか。
それは自己の我執である。
わがままである。きままである。
朝寝、無精、屁理屈……である。
これに打ち克《か》って朝も早く起きる。
人のいやがることを、いそいそと果たす。
わがままを捨てて勤めきり、つくしきる。
そうして人を喜ばせる。
これが『われに勝つ』ことである」

常岡氏は昭和六十四年、
九十歳で亡くなられたが、
人の悩みを救うべく生涯を捧げた人の言葉は
平易明快、力強い。

克己

「人に勝つ者は力有り。自らに勝つ者は強し」

と『老子』（第三十三章）はいう。

他人と争ってこれを打ち負かす者は力があるといえるが、
本当の強者ではない。
私欲私情を克服できる者、
すなわち私心に打ち勝つことができる者こそ、
真の強者である、ということである。

王陽明もまた、同じようなことをいっている。

「山中の賊《ぞく》を破るは易《やす》く、心中の賊を破るは難し」

克己《こっき》は古来、聖賢が等しく目指した道である。
思えば、天は人間にだけ克己という心を発達させた。
その心があることによって、人間の進歩向上はある。
そのことを我々は肝に銘じたいものである。

最後に、
新井正明氏（住友生命保険元名誉会長）の言葉を紹介する。

「暗いところばかり見つめている人間は、
暗い運命を招き寄せることになるし、
いつも明るく明るくと考えている人間は
おそらく運命からも愛され、
明るく幸せな人生を送ることができるだろう」

「自らに勝つ」ことに腐心してきた人の尊い言葉である。

第五章

人生をひらく

人生をひらくとは
心をひらくことである。
心をひらかずに固く閉ざしている人に、
人生はひらかない。

「ひらく」には、開拓する、耕す、という意味もある。
いかに上質な土壌も
コンクリートのように固まっていては、
よき種を蒔《ま》いても実りを得ることはできない。

心をひらき、心を耕す――人生をひらく第一の鍵である。

社会教育家の田中真澄さんが講演でよくされる話がある。

人間の能力は、
知識、技術、そして心構えの三辺で表される。

どんなに知識と技術があっても、
心構えが悪ければ、能力は出てこない。
すべては底辺の心構えいかんにある。

さらに、
よき心構えは積極性×明朗性で表される、
という。

なるほど、と思う。
消極性×陰気では何事も成し得ない。

『致知』三十余年、
これまでにご登場いただいた幾多の先達のことを思うと、
田中さんの言葉がよく理解できる。

確かに人生をひらいた人には共通した心構えがあった。

その一は「**物事を前向きに捉《とら》える**」。
物事を後ろ向きに捉えて人生をひらいた人はいない。

その二は「**素直**」。

宮大工の小川三夫《みつお》さんは高校卒業後、
「法隆寺の鬼」「最後の宮大工」といわれた
西岡常一《つねかず》棟梁《とうりょう》に弟子入り。
修業時代は棟梁の言葉にすべて「はい」と従った。
そしていまや社寺建築の第一人者である。

その経験からいう。
「批判の目があっては学べません。
素直でなければ本当の技術が入っていかないですね」と。
心にわだかまりがある人は人生を歪める。
多くの先達がいっていることである。

その三は**「感謝の念を忘れない」**。
人生の成功者に共通した資質がこれである。
成功者は呪いたくなるような境遇をも、
この境遇が自分を育ててくれると感謝している。

その四は**「愚痴をいわない」**。
自分が出したものは自分に返ってくる。
宇宙の法則である。
愚痴ばかりいっている人は、愚痴ばかりの人生になる。

心構えに関する田中真澄さんの卓見がある。

「心構えというのは、
どんなに磨いても毎日ゼロになる能力である。
毎朝歯を磨くように、
心構えも毎朝磨き直さなければならない」

人生をひらく第二の鍵である。

『論語』と並ぶ古典『大学』は全編これ、
人生をひらく教えに満ちている。
中でも心に響く一文がある。

「必ず忠信《ちゅうしん》以《もっ》て之《これ》を得、驕泰《きょうたい》以て之を失う」

まごころを尽くしてすれば何事も成功するが、
反対におごり高ぶる態度ですれば必ず失敗する、
ということである。
人生をひらく第三の鍵といえよう。

発憤力

最後に、二宮尊徳の言葉。

**「太陽の徳、広大なりといえども、
芽を出さんとする念慮《ねんりょ》、
育たんとする気力なきものは仕方なし」**

発憤《はっぷん》力こそ人生をひらく源であることを忘れてはならない。

あとがき

本書は、先に出版した『心に響く小さな5つの物語』の姉妹篇といえます。

前著に対してはたくさんの小・中・高生から感想を寄せていただきましたが、特に一人の少年の感想文が、いまも深く心に残っていますので、ここに紹介します。

※

『心に響く小さな5つの物語』を読んで

奥野一樹さん（中学一年）

「一樹、この本あげるよ。誕生日のプレゼントね」

そういわれて、お父さんからこの本を受け取ったのは、三月十日の、ぼくの誕生日でした。

「えーっ、何この本？」

と思いながら、今まで本などもらったことのないお父さんに、
「えーっ、本なんかじゃなく、ゲームのほうが良かったのに……」
と思わずいってしまいました。
それからしばらくこの本は机の上に置きっぱなしにしていました。
ぼくは三月に小学校を卒業して、四月から中学校に入学しました。
新しい学生服を着て、新しい自転車に乗って通学しています。

そんなとき、毎朝学校で本を読むことになり、家から本を持っていくことになりました。
読書する本を持っていなかったぼくは、机の上に置きっぱなしになっていたこの『心に響く小さな5つの物語』を「これでいいや」と思って持っていったのです。

そして読書の時間になりました。
そこではじめてこの本を開いたぼくは、

「あれ、字が少ない。それにページも少ない」と思いながら、すぐに読み終わってしまいました。

すると、なぜか目に涙がたまっていたのです。

落ちないようにがまんするのが大変でした。とても不思議な気持ちでした。

こんな気持ちになったのは初めてでした。

小学校のときを思い出し、習ったことのあるいろんな先生を思い出しました。

ぼくは、小学校がとても楽しかったので、中学校に入学するのが少し心配でした。

「勉強は難しくないかな、新しい友達はできるかな、どんな先生になるのかな……」

しかし、この本を読んでいろいろな人たちが、いろいろな場所で頑張っている、自信をもって生きていることを知りました。

そして、まわりの人や、先生にも、感謝していることを知りました。

そう考えると、なぜか中学校が楽しく思えてきて、なんとなく勇気がわいてきました。


これから、いろいろと大変なことや、苦しいことも、中学校であるかもしれません。

そんなときはこの本を思い出し、自信をもって頑張っていこうと思います。

それから、まだいっていませんが、お父さんに「ありがとう」と言いたいです。

※

最近の十代は本を読まなくなった、といわれます。

『心に響く小さな5つの物語』は、そんな十代に活字の楽しさを知り、同時に人の生き方、人生について考えるきっかけをつかんで欲しい、という思いから上梓《じょうし》したものです。

私のこの思いをきっちりと受け止めてくれた十三歳の少年がいた――これは本当に嬉しいことです。出版人冥利とはこのことを指すのでしょう。

本書『プロの条件』も、社会に出て働きはじめた若い人たちに向け、同じ思いを込めて出版するものです。

若い世代が働くことの原点をしっかりつかみ、そして働くことを通じてその道のプロになることはもちろん、人生のプロフェッショナルになって欲しい、という願いを込め、拙著『小さな人生論』シリーズの中から、特に仕事に対する心構えに関するものを集めて収録しました。

人間学を学ぶ雑誌『致知』を編集、刊行して三十二年。その間、実に多くの各界一流の人たちに出会いました。その人たちに共通しているエキスをまとめたものです。このエキスから何かを汲み取り、自分の人生を構築していこうという人の一人でも多からんことを願ってやみません。

著　者

【初出一覧】

第一章　プロの条件　『致知』二〇〇三年八月号

第二章　熱意・誠意・創意　『致知』二〇〇四年七月号

第三章　信念の力　『致知』二〇〇三年二月号

第四章　自らに勝つ者は強し　『致知』二〇〇六年十二月号

第五章　人生をひらく　『致知』二〇〇九年七月号

藤尾秀昭（ふじお・ひであき）昭和53年の創刊以来、月刊誌『致知』の編集に携わる。54年に編集長に就任。平成4年に致知出版社代表取締役社長に就任。現在代表取締役社長兼主幹。『致知』は「人間学」をテーマに一貫した編集方針を貫いてきた雑誌で、平成30年、創刊40年を迎えた。有名無名を問わず、「一隅を照らす人々」に照準をあてた編集は、オンリーワンの雑誌として注目を集めている。主な著書に『小さな人生論1～5』『小さな修養論1～5』『小さな経営論』『心に響く小さな5つの物語Ⅰ～Ⅲ』『プロの条件』『生き方のセオリー』『はじめて読む人のための人間学』『二度とない人生をどう生きるか』『人生の法則』などがある。

武田双雲（たけだ・そううん）書道家。1975年熊本生まれ。東京理科大学理工学部卒業後、NTT入社。書道家として独立後はNHK大河ドラマ「天地人」や世界遺産「平泉」などの題字を手掛ける。ベストセラーの『ポジティブの教科書』や、『波に乗る力』（日本文芸社）など著書も多数。2019年の改元に際し、「令和」の記念切手に書を提供。近年、現代アーティストとして創作活動を開始し、2015年カリフォルニアにてアメリカ初個展、2019年アートチューリッヒに出展、2020年には、ドイツ・代官山ヒルサイドフォーラム・日本橋三越にて個展を開催し、盛況を博す。

プロの条件

平成二十二年十一月二十五日第一刷発行
令和五年六月五日第八刷発行
著者　藤尾　秀昭
発行者　藤尾　秀昭
発行所　致知出版社
〒150-0001東京都渋谷区神宮前四の二十四の九
TEL（〇三）三七九六―二一一一
印刷・製本　中央精版印刷

ISBN978-4-88474-905-7 C0095
ホームページ　https://www.chichi.co.jp
Eメール　books@chichi.co.jp